mama

мама

mama

papa

тато

tato

jongen

хлопчик

khlopchyk

meisje

дівчинка

divchynka

1

een

один
odyn

2

twee

два
dva

3

drie

три
try

4

vier

чотири
chotyry

5

vijf

п'ять
p'iat

6

zes

шість
shist

7

zeven

сім
sim

8

acht

вісім
visim

9

negen

дев'ять
dev'iat

10

tien

десять
desiat

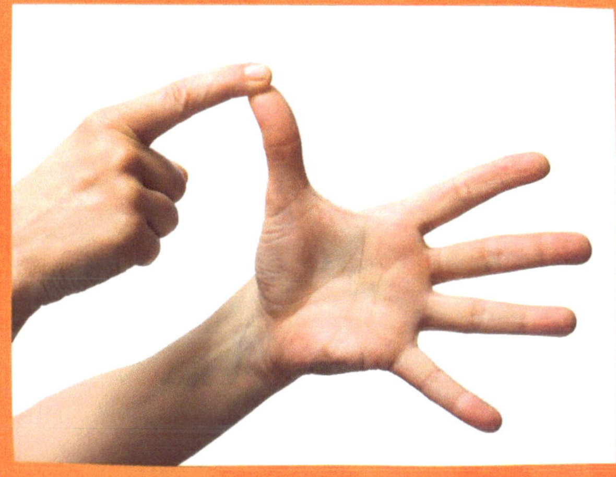

tellen

рахувати
rakhuvaty

schrijven

писати
pysaty

tekenen

малювати
maliuvaty

schilderen

фарбувати
farbuvaty

cirkel

коло
kolo

vierkant

квадрат
kvadrat

rechthoek

прямокутник
priamokutnyk

driehoek

трикутник
trykutnyk

ster

зірка
zirka

zwart

чорний
chornyi

wit

білий
bilyi

bruin

коричневий
korychnevyi

rood

червоний
chervonyi

blauw

синій
synii

geel

жовтий
zhovtyi

groen

зелений
zelenyi

paars

фіолетовий

fioletovyi

grijs

сірий

siryi

oranje

помаранчевий

pomaranchevyi

roze

рожевий

rozhevyi

appel

яблуко
iabluko

banaan

банан
banan

ananas

ананас
ananas

watermeloen

кавун
kavun

peer

груша
hrusha

druiven

виноград
vynohrad

mango

манго
manho

perzik

персик
persyk

aardbei

полуниця
polunytsia

kers

вишня
vyshnia

sinaasappel

апельсин
apelsyn

kokosnoot

кокосовий горіх
kokosovyi horikh

citroen

лимон
lymon

paddenstoel

гриб
hryb

maïs

кукурудза
kukurudza

tomaat

помідор
pomidor

pompoen

гарбуз
harbuz

komkommer

огірок
ohirok

wortel

морква
morkva

aardappel

картопля
kartoplia

courgette

Кабачок-цукіні

Kabachok-tsukini

spinazie

шпинат

shpynat

bloemkool

цвітна капуста

tsvitna kapusta

ei

яйце

iaitse

bord

тарілка
tarilka

lepel

ложка
lozhka

mes

ніж
nizh

vork

виделка
vydelka

taart

тістечко
tistechko

babyflesje

дитяча пляшечка
dytiacha pliashechka

snoepjes

цукерки
tsukerky

kaas

сир
syr

drinken

пити
pyty

eten

їсти
isty

heet

гарячий
hariachyi

koud

холодний
kholodnyi

klein
маленький
malenkyi

groot
великий
velykyi

 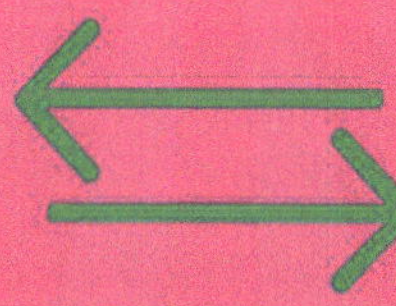 

kort
короткий
korotkyi

lang
довгий
dovhyi

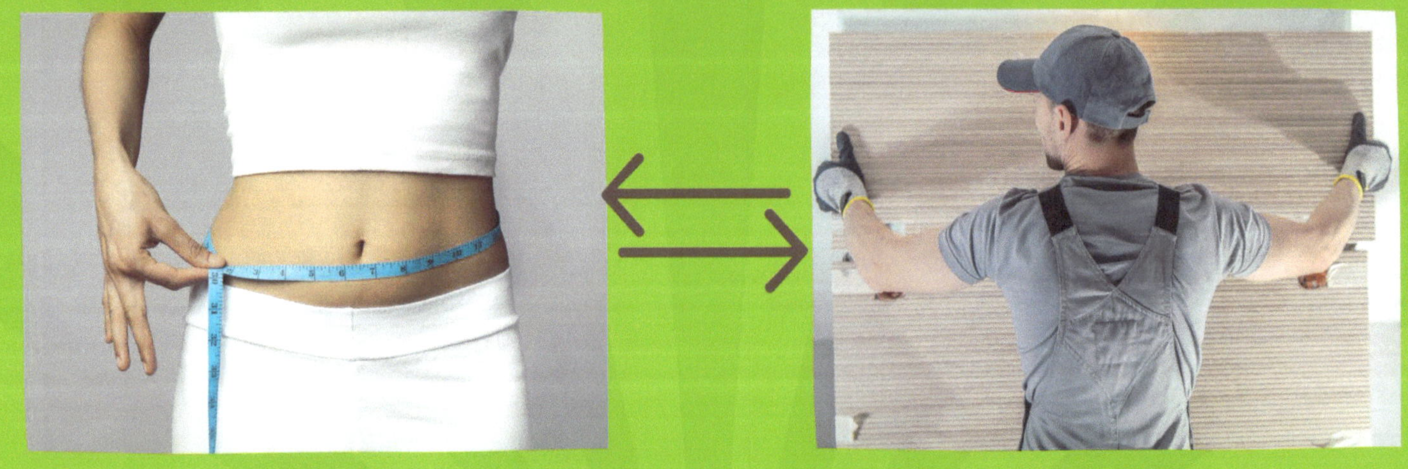

dun

тонкий
tonkyi

groot

великий
velykyi

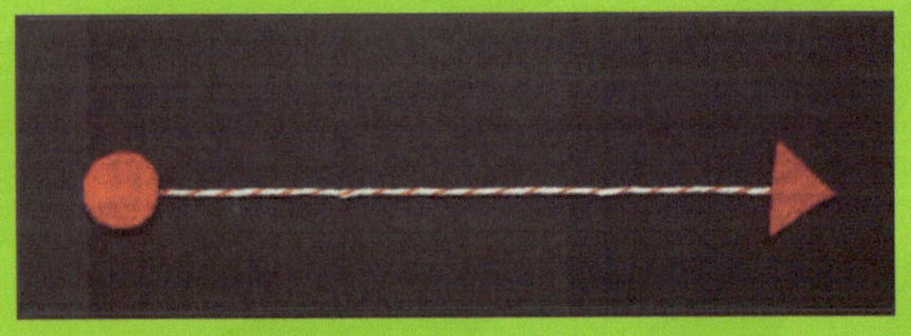

makkelijk

легкий
lehkyi

moeilijk

важко
vazhko

opstaan

встати
vstaty

zitten

сідати
sidaty

zoet

солодкий
solodkyi

zout

солоний
solonyi

zwaar

важкий
vazhkyi

licht

легкий
lehkyi

erin

всередині
vseredyni

eruit

поза
poza

vies

брудний
brudnyi

schoon

чистий
chystyi

dicht

закритий
zakrytyi

open

відкритий
vidkrytyi

potloden

олівці
olivtsi

klok

годинник
hodynnyk

sleutel

ключ
kliuch

boek

книга
knyha

bed

ліжко
lizhko

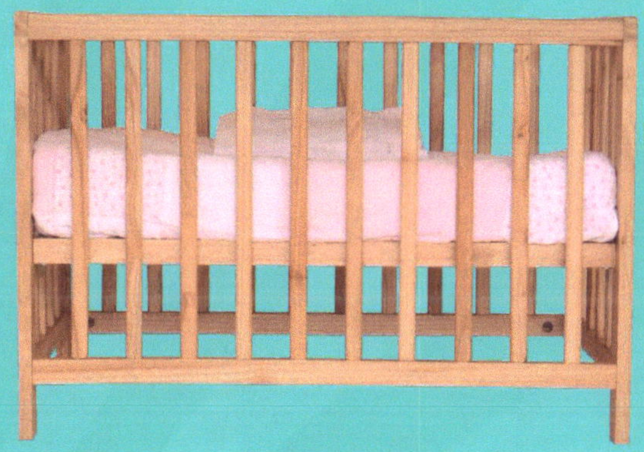

wieg

дитяче ліжко
dytiache lizhko

tafel

стіл
stil

stoel

стілець
stilets

auto

машина
mashyna

fiets

велосипед
velosyped

vliegtuig

літак
litak

boot

човен
choven

trein

потяг
potiah

helikopter

вертоліт
vertolit

brandweerwagen

пожежна машина
pozhezhna mashyna

brandweerman

пожежник
pozhezhnyk

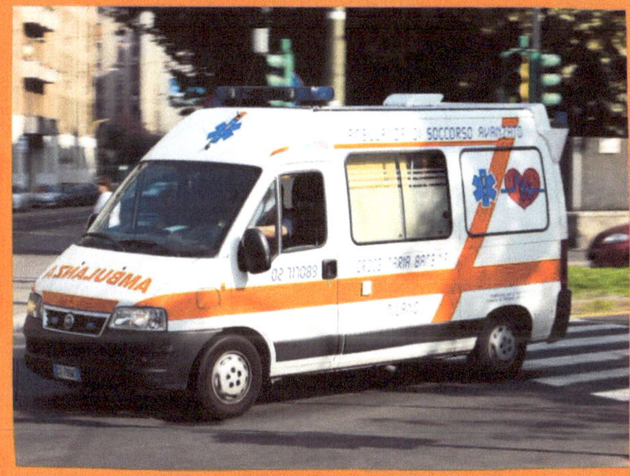

ambulance

швидка допомога

shvydka dopomoha

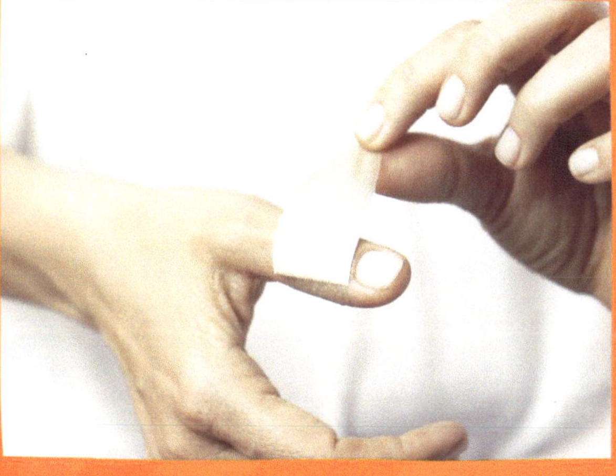

verband

пластир

plastyr

paramedicus

фельдшери

feldshery

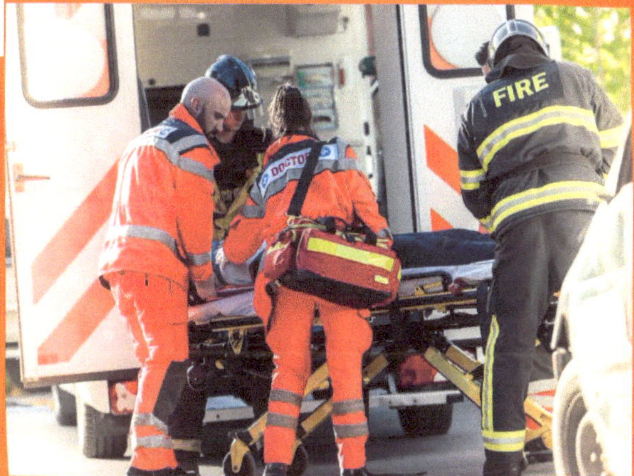

reddingsteam

команда рятувальників

komanda riatuvalnykiv

bos

ліс
lis

berg

гора
hora

gras

трава
trava

zand

пісок
pisok

boom

дерево
derevo

bloem

квітка
kvitka

vlinder

метелик
metelyk

mier

мураха
murakha

kat

кішка
kishka

hond

собака
sobaka

paard

кінь
kin

muis

миша
mysha

koe

корова
korova

varken

свиня
svynia

schaap

вівця
vivtsia

eend

качка
kachka

gans

гусак
husak

konijn

кролик
krolyk

vis

риба
ryba

dierenarts

ветеринар
veterynar

dokter

лікар
likar

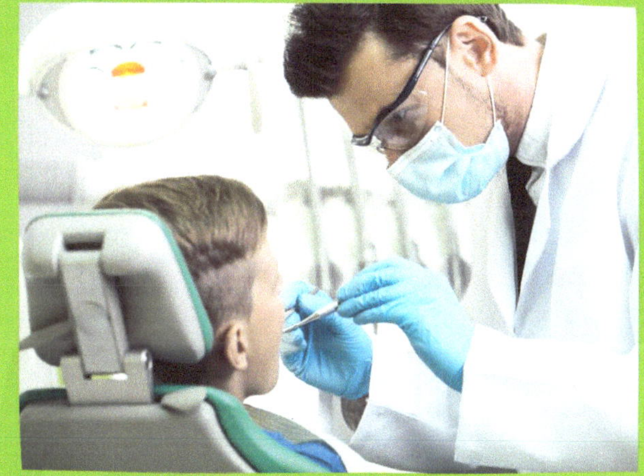

tandarts

дантист
dantyst

apotheker

фармацевт
farmatsevt

verpleegster

медсестра
medsestra

hoofd

голова
holova

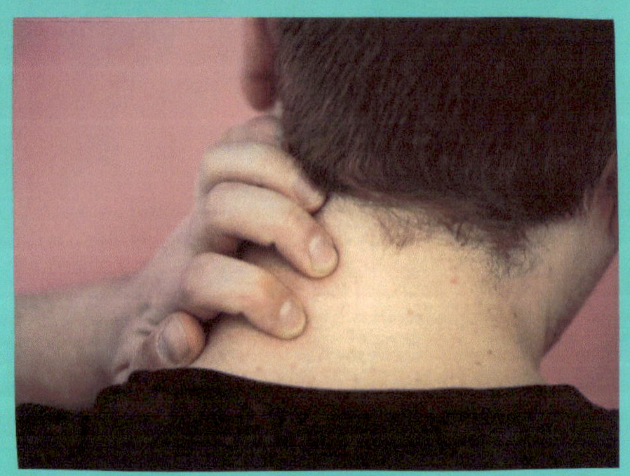

nek

шия
shyia

voet

стопа
stopa

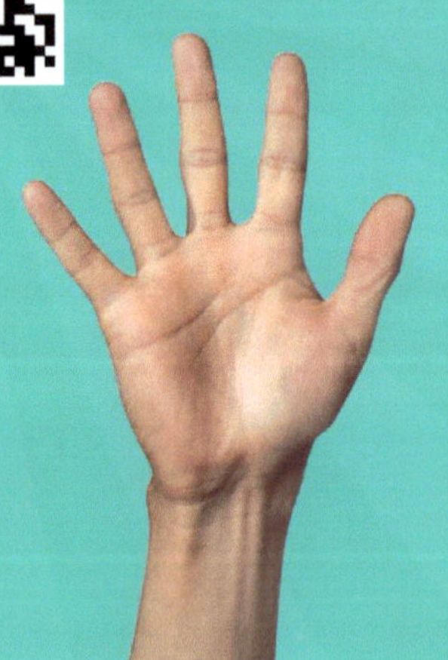

hand

кисть
kyst

tanden

зуби
zuby

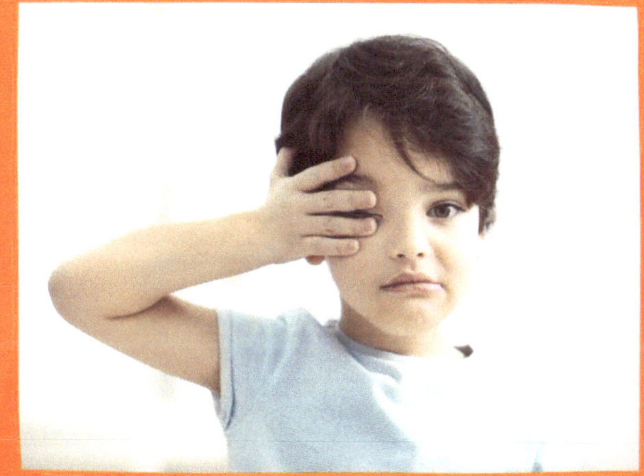

oog

око
oko

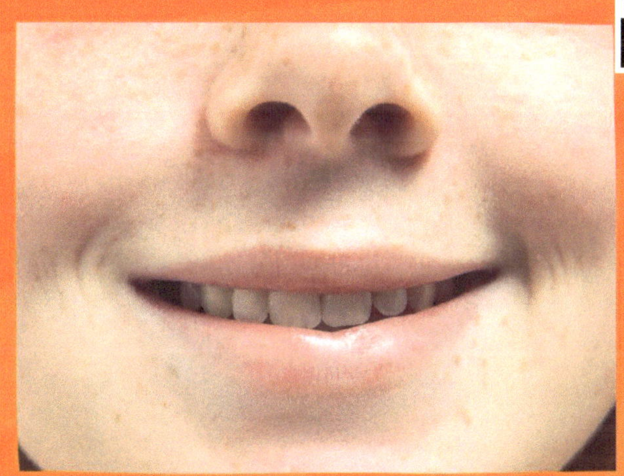

mond

рот
rot

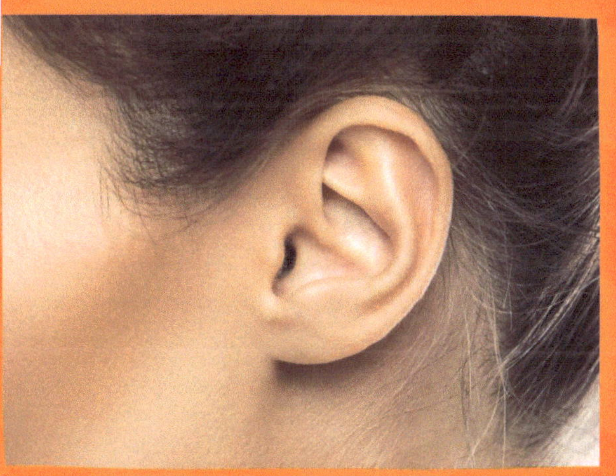

oor

вухо
vukho

hoed

капелюх
kapeliukh

jurk

сукня
suknia

broek

штани
shtany

schoenen

черевики
cherevyky

jas

пальто
palto

sjaal

шарф
sharf

paraplu

парасолька
parasolka

bril

окуляри
okuliary

zon

сонце
sontse

bewolkt

хмарно
khmarno

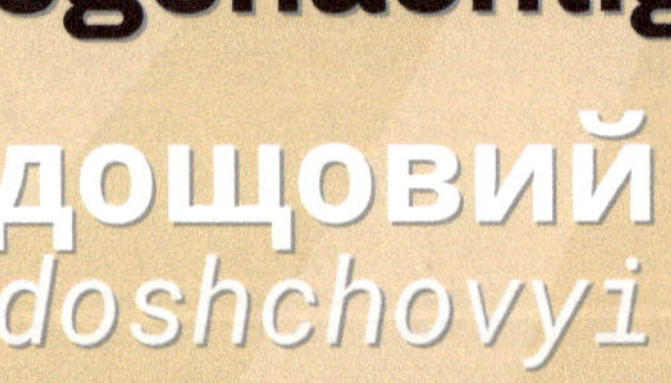

regenachtig

дощовий
doshchovyi

maan

місяць
misiats